La torre de Babel

Génesis 11:1-9 para niños

Escrito por Martha Streufert Jander
Ilustrado por Dave Hill
Versión castellana de Mercedes Cecilia Fau

EDITORIAL CONCORDIA • SAINT LOUIS

Mucho, mucho tiempo atrás,
Dios hizo el mundo entero
tan maravilloso y tan bien
lleno de amor verdadero.

Dispersarse por la tierra
Dios a los hombres pidió,
que tuvieran muchos hijos
que alabasen al creador.

El mandamiento del Señor
la gente no obedeció
y en la llanura de Sinar
una ciudad construyó.

Ladrillo sobre ladrillo
ya estaba quedando enorme
pero se les ocurrió
que hacía falta una torre.

Debía llegar hasta el cielo
y les daría gran fama.
No se moverían de allí
aunque alguien los empujara.

Asfalto en lugar de mezcla,
ladrillos de barro cocido,
cada día trabajaban
no se daban por vencidos.

–Nos estamos haciendo un nombre,
todos reconocerán
que esta torre es la más alta
¡cómo nos han de envidiar!

Entonces Dios bajó del cielo
pues la gente era orgullosa
y pensaban que ellos solos
harían una obra hermosa.

Que la cúspide llegue al cielo,
esto solo les importaba,
no pedían guía a Dios
¡pues cómo se equivocaban!

Con la obra terminada
ellos se creerían perfectos.
Dios lo sabía muy bien,
preparaba el escarmiento:

–Hablan todos un solo idioma,
se comprenden sin problemas,
confundamos sus palabras
¡y que aquí nadie se entienda!

La gente siguió hablando
como si nada pasara,
uno pedía un martillo
y le daban una vara.

Y fue tal la confusión
que nadie ya se entendía,
la ciudad quedó inconclusa
y con sus calles vacías.

Obedecieron a Dios, se fueron con sus familias,
llenaron toda la tierra, el Señor los protegía.
Se llamaban Babel, la torre y la ciudad,
allí Dios confundió lo que tenían que hablar.

Aprendieron a obedecer
por una difícil vía.
¡Los mandamientos de Dios
son siempre la mejor guía!

Queridos padres,

La obediencia es una cosa difícil de aprender. Aun como adultos, queremos hacer las cosas a nuestra manera. Queremos estar a cargo de nuestras vidas sin consultar a nadie que nos pueda decir algo diferente. Cuando guiamos a los niños a hacer las cosas que deben hacer, lo hacemos para que sus vidas sean más fáciles, su ansiedad menor, y su gozo más abundante. Cuando Dios nos da mandamientos, lo hace teniendo en cuenta nuestro bien, sabiendo que cuando obedecemos, nuestra vida será más fácil, nuestra ansiedad menor, y nuestro gozo más abundante.

Al concluir el relato bíblico de la torre de Babel, la gente en la llanura de Sinar aprendió a hacer lo que Dios le había pedido que hiciera en primer lugar. Si hubieran sido obedientes desde el principio, se habrían ahorrado mucho dolor y habrían podido quedarse con los amigos que ahora se fueron lejos. Habrían sido capaces de comunicarse entre sí y, sobre todo, habrían sabido que la obediencia a Dios le trae a él alabanza y gloria y a ellos paz y alegría.

Cuando nosotros o nuestros hijos seguimos nuestro propio camino, Dios a menudo se acerca para llamar nuestra atención. Él nunca nos deja donde estamos, dando tumbos en la oscuridad del pecado; antes bien, nos recoge, derrama su perdón en nosotros por causa del sufrimiento y la muerte de Jesús, y nos da el poder de su Espíritu Santo para escuchar y hacer con alegría lo que él pide. Por otra parte, él siempre da seguimiento con la promesa del cielo, asegurada en la resurrección de Jesús.

La autora

AMBICIÓN, SOBERBIA, Y DESOBEDIENCIA
CONDUJERON A LA SEPARACIÓN
DE DIOS Y DE LOS DEMÁS.

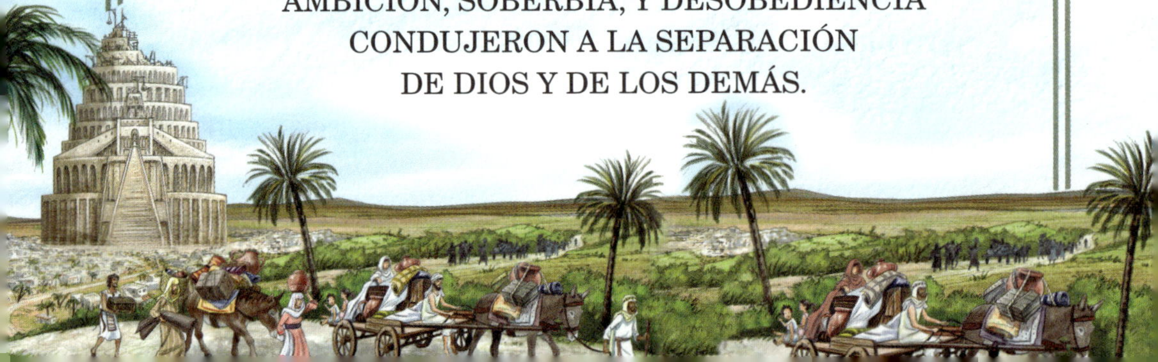